BEI GRIN MACHT SICH IHR
WISSEN BEZAHLT

- Wir veröffentlichen Ihre Hausarbeit,
  Bachelor- und Masterarbeit

- Ihr eigenes eBook und Buch -
  weltweit in allen wichtigen Shops

- Verdienen Sie an jedem Verkauf

Jetzt bei www.GRIN.com hochladen
und kostenlos publizieren

Bibliografische Information der Deutschen Nationalbibliothek:

Die Deutsche Bibliothek verzeichnet diese Publikation in der Deutschen National-bibliografie; detaillierte bibliografische Daten sind im Internet über http://dnb.d-nb.de/ abrufbar.

Impressum:

Copyright © 2018 GRIN Verlag
Druck und Bindung: Books on Demand GmbH, Norderstedt Germany
ISBN: 9783346171801

Dieses Buch bei GRIN:

https://www.grin.com/document/542139

Felix Kohlmann

Trainingslehre Makro- und Mesozyklus. Begründung der Trainingsmethoden und Periodisierung

GRIN Verlag

GRIN - Your knowledge has value

Der GRIN Verlag publiziert seit 1998 wissenschaftliche Arbeiten von Studenten, Hochschullehrern und anderen Akademikern als eBook und gedrucktes Buch. Die Verlagswebsite www.grin.com ist die ideale Plattform zur Veröffentlichung von Hausarbeiten, Abschlussarbeiten, wissenschaftlichen Aufsätzen, Dissertationen und Fachbüchern.

Besuchen Sie uns im Internet:

http://www.grin.com/

http://www.facebook.com/grincom

http://www.twitter.com/grin_com

Deutsche Hochschule für

Prävention und Gesundheitsmanagement

Hermann Neuberger Sportschule 3

66123 Saarbrücken

Einsendeaufgabe

Fachmodul: Trainingslehre I

Studiengang: Sportökonomie

Datum
Präsenzphase: 25.06.2018-28.06.2018

Name, Vorname: Kohlmann, Felix

Studienort: **München**

Semester: **Wintersemester 2017**

Inhaltsverzeichnis

1 Diagnose

1.1 Allgemeine und biometrische Daten

Um den Probanden besser kennen zu lernen, wird am Anfang ein Gespräch geführt. Die Anamnese dient dazu eventuelle Erkrankungen, Schmerzen, Verletzungen, Medikamenteneinnahmen zu erkennen und seine sportlichen Ziele und Motive herauszufinden. Desweitern werden die biometrischen Paramater Blutdruck und Ruhepuls ermittelt.

Tab. 1: Biometrische Daten (Quelle: eigene)

Alter	36 Jahre	
Geschlecht	männlich	
Körper	172 cm	
Körpergewicht	87 Kg	
Aktuelle/frühere sportlichen Aktivitäten	Früher: Fußball (Kreisliga, 3x / Woche), Tennis (1x / Woche) Aktuell: Golfen (2x / Woche)	
Zeitlicher Verfügungsrahmen	1 Stunde pro Training (2x / Woche)	
Blutdruck	129/88 mmHg	Der Systolische Blutdruck befindet sich im normalen Bereich, der Diastolische Blutdruck befindet sich im Hochnormalen Bereich. Der Blutdruck des Probanden liegt somit im Hochnormales Bereich (Vgl. Tab. 2).
Ruhepuls	55 Schläge / Minute	Im Optimalbereich (< 60)
Schmerzen/ Erkrankungen	Rückenschmerzen (LWS)	Auf einer Skala von 0 (keine Schmerzen bis 10 (sehr schmerzhaft), gab der Proband eine 3-4 an.

Tab. 2: Blutdruckklassifikation der American Heart Association (eigene Darstellung nach Mancia & Fagar, 2013, S. 1286)

Bewertungsstufen	Systolischer Druck	Diastolischer Druck
Normalblutdruck		
Optimal	< 120 mmHg	< 80 mmHg
Normal	< 130 mmHg	< 85 mmHg
Hochnormal	< 139 mmHg	< 89 mmHg
Bluthochdruck		
Stufe 1	140-159 mmHg	90-99 mmHg
Stufe 2	160-179 mmHg	100-109 mmHg
Stufe 3	> 180 mmHg	> 110 mmHg

1.1.1   Bewertung der Daten

Aus der Anamnese geht hervor, dass der Proband wenig bis keine Erfahrungen im Kraftsport hat. Er betrieb lediglich Fußball und Tennis in Hobbymannschaften, um sich fit zu halten. Das gesundheitsorientierte Krafttraining ist somit für den Probanden neu und muss wie das Golfen (2x/Woche) bei der Erstellung berücksichtigt werden.

Der Blutdruck liegt im Hochnormalen Bereich und der Ruhepuls im optimalen Bereich. Außerdem gab er an, dass er ab und zu unter Schmerzen im Bereich der Lendenwirbelsäule leidet, die ihm beim Golfen hindern. Um dies zu verbessern, soll bei der Planung auch ein Fokus auf die Wirbelsäulen stabilisierende Muskulatur gelegt werden.

Nennenswerte Verletzungen oder Operationen und die Einnahme von Medikamenten verneint der Proband.

1.2   Krafttestung

Um individuell auf den Kunden eingehen zu können, wird nach der allgemeinen und spezifischen Erwärmung ein Krafttest durchgeführt. Dabei wird die X-RM Methode angewandt. Der Kunde soll dabei an jedem Gerät, welches im darauffolgenden Mesozyklus verwendet wird, seine maximale Leistungsfähigkeit für eine bestimmte Wiederholungszahl herausfinden. Diese Wiederholungszahl kann von Mesozyklus zu Mesozyklus variieren.

1.2.1 Begründung der Auswahl des Testverfahrens

Die X-RM Methode (Mehrwiederholungstest) hat den großen Vorteil gegenüber anderen Methoden, dass sie gezielt auf die Wiederholungzahl des nächsten Mesozyklus angepasst ist. Somit kann mit Hilfe der Individuellen-Leistungsbild-Methode die richtige Intensität für den Probanden berechnet werden. Die X-RM Methode wird, wie oben schon geschrieben, vor jedem neuen Mesozyklus wiederholt. So kann auf eventuelle Leistungssteigerungen genau eingegangen werden und wenn man zum 2. Mal einen X-RM Test mit 20 Wiederholungen durchführt, ein Vergleich gezogen werden (Wahle, 2014, S 18f).

Des Weiteren ist es Anfängern aus Gründen der internistischen und orthopädischen Belastungen, die zum Beispiel bei einem 1-RM Test auf den Organismus einwirken, zu raten diese Belastungsspitzen zu vermeiden (vgl. Haupert, Dissertation 2007, S. 68).

1.2.2 Testablauf

Als erstes erfolgt eine allgemeine Erwärmung des Organismus. Ziel ist es die Muskulatur zu erwärmen und Verletzungen jeglicher Art vorzubeugen. Hierbei absolviert der Proband 5 Minuten auf dem Crosstrainer. Anschließend wärmt er sich mit wenig Gewicht an den Geräten auf, um die Bewegungsausführung zu verinnerlichen (vgl. Hollmann & Strüder, 2009, S. 242).

Der Krafttest an den Geräten wird in derselben Reihenfolge ausgeführt, wie es der Trainingsplan des nächsten Mesozyklus vorsieht. Nach der speziellen Erwärmung erfolgt der erste Testsatz. Hierbei wird vom Trainer nach dem deduktiven Ansatz ein Gewicht und die Wiederholungzahl vorgegeben. Nach Vollendung des ersten Testsatzes wird an anhand der geschafften Wiederholungen beurteilt, ob der Proband an seine maximale Leistungsgrenze kam oder ob das Gewicht zu leicht oder zu schwer war.

War es zu leicht (er hat mehr Wiederholungen geschafft als vorgegeben) oder zu schwer (er musste die Übung vorzeitig beenden), muss das Gewicht nach einer Regeneration von 5-6 Minuten dementsprechend angepasst werden.

Nach maximal drei Testsätzen, soll der Sportler sein maximales Gewicht für die vorgegebene Wiederholungzahl herausgefunden haben. Mit Hilfe des Gewichts kann der Trainer das Gewicht für die jeweiligen Trainingseinheiten im Mesozyklus bestimmen.

Nachdem der Test an dem ersten Gerät abgeschlossen ist, erfolgt der nächste Test am darauffolgenden Gerät nach einer ausreichenden Regenerationszeit, damit der Sportler erneut seine maximale Leistungsgrenze erreichen kann.

1.2.3 Tabellarische Übersicht des Tests

Tab. 3: X-RM Krafttest Übersicht (Quelle: eigene)

Übung	Wdh.*	1.	2.	3.	Ergebnis
Gerade Bein-presse	20	50 Kg	55 Kg	-	Maximale Leistungs-fähigkeit nach 2 Sätzen: 55 Kg
Abduktion (Maschine)	20	35 Kg	40 Kg	-	Maximale Leistungs-fähigkeit nach 2 Sätz3n: 40 Kg
Rudern (Maschine mit Brust-polster)	20	40 Kg	45 kg	47,5 Kg	Maximale Leistungs-fähigkeit nach 3 Sätzen: 47,5 Kg
Brustpresse (Maschine)	20	45 Kg	50 Kg	55 Kg	Maximale Leistungs-fähigkeit nach 3 Sätzen 55 Kg
Rückenstrecker (Maschine)	20	25 Kg	27,5 Kg	-	Maximale Leistungs-fähigkeit nach 2 Sätzen: 27,5 Kg
Crunch (Maschine)	20	15 Kg	20 Kg	-	Maximale Leistungs-fähigkeit nach 2 Sätzen: 20 Kg
Außenrotation (Kabelzug)	20	5 Kg	7,5 Kg	10 Kg	Maximale Leistungs-fähigkeit nach 3 Sätzen: 10 Kg

*Wdh.: Wiederholungen

1.2.4 Schlussfolgerung und Konsequenzen des Testergebnisses

Die Ergebnisse zeigen die maximale Leistungsfähigkeit der einzelnen beanspruchten Muskeln. Durch den Test kann man in Zukunft eine Leistungssteigerung nachvollziehen, wenn man diesen mit der gleichen Wiederholungszahl und den gleichen Übungen durch-führt. Da der Sportler bis jetzt kein Krafttraining absolvierte, hat er bei den Übungen immer 2-3 Testsätze gebraucht, um seine maximale Leistungsfähigkeit zu erlangen. Durch seine nicht vorhandene Erfahrung im Kraftsport, wird der Proband als Beginner eingestuft. Somit ist ein Ganzkörpertraining am besten, da hier die Regenerationszeiten von Training zu Training ausreichend sind. Nun soll der Proband von Mesozyklus zu Mesozyklus seine Werte verbessern und somit auch seine Ziele erreichen.

2   Zielsetzung/Prognose

Die Ziele haben sich anhand des Anamnesegesprächs herausgestellt und wurden von dem Probanden nach Wichtigkeit sortiert.

Tab. 4: Übersicht der Ziele (Quelle: eigene)

Inhalt	Ausmaß	Zeit	Messbar
Gewichtsreduk-tion	5 Kg	6 Monate	Messbar durch eine Waage
Blutdruck senken	In den optimalen Bereich (<120/ 80 mmHg)	6 Monate	Messbar durch Blutdruckmessge-rät
Linderung der Rückenschmer-zen	Schmerzfrei	6 Monate	Subjektiv messbar nach Schmerzskala

1. Das erste und damit für den Probanden das wichtigste Ziel ist die Gewichtsreduktion. Insgesamt 5 Kilogramm sollen nach 6 Trainingsmonaten verloren werden. Dies hat für den Probanden vor allem Ästhetische aber auch funktionelle Gründe. Mit weniger Kör-pergewicht wird ihm die Rotation beim Golfen leichter ergehen. Außerdem will er sich wieder wohl fühlen und seinem Körper etwas Gutes tun.

2. Das zweite Ziel ist den Blutdruck zu senken. Dies wurde ihm des Öfteren vom Arzt geraten, er sich schon im Hochnormalen Bereich befindet. Eine Blutdrucksenkung in den Normalbereich soll innerhalb der 6 Monate geschehen.

3. Ein weiteres Ziel ist die Linderung der Rückenschmerzen bis hin zur Schmerzfreiheit nach den 6 Monaten. Es gilt das subjektive Empfinden der Schmerzen auf der Werteskala auf 1 zu bringen. Das Ziel ist also den Skalawert in der Trainingszeit um 2-3 Werte zu senken.

3 Trainingsplanung Makrozyklus

Ein Makrozyklus beschreibt einen relativ langfristigen Trainingsabschnitt, bestehend aus mehreren Mesozyklen (4-8 Wochen). Ein Makrozyklus hat die Vervollkommnung der komplexen sportlichen Leistungsfähigkeit und die Herausbildung des sportlichen Form zum Ziel (vgl. Schnabel, Harre & Krug (Hrsg.), 2008, S. 429).

Tab. 5: Makrozyklus (Quelle: eigene)

	I	II	III	IV	V
Dauer (in Wochen)	6	4	4	4	6
Trainingsme-thode	KA*	HY* (Extensiv)	MK*	HY* (intensiv)	KA*
Organisati-onsform	GK*/ Zirkel	GK*/ Station	GK*/ Stationen	GK*/ Zirkel	GK*/ Station
Einheiten/ Woche	2 mal	2 mal	2 mal	2 mal	2 mal
Übung/ Muskel	1-2	1-2	1-2	1-2	1-2
Sätze/ Übung	1-2	1-2	1-2	1-2	1-2
Intesität in % (ILB-Me-thode)	gering	gering	50-70	50-70	50-70
Satzpausen	0 Sek. (Zirkel)	90 Sek	150 Sek.	0 Sek. (Zirkel)	45 Sek.
Wiederholun-gen	20	12	5	8	20

Bewegungs-tempo	2-0-2	2-0-2	1-0-1	2-0-2	2-0-2

*KA = Kraftausdauertraining, *HY = Hypertrophietraining,

*MK = Maximalkrafttraining, *GK = Ganzkörpertraining

3.1 Begründung der Trainingsmethoden und Periodisierung

In den folgenden Unterpunkten werden die einzelnen Mesozyklen genauer betrachtet. Zuerst wird die Wahl der verschiedenen Trainingsmethoden zusammen mit der Periodisierung begründet. Als zweites wird auf die Belastungsparameter (Einheiten/Woche, Übung/Muskel, Sätze/Übung) eingegangen. Als letztes werden die verschiedenen Organisationsformen für die einzelnen Mesozyklen erklärt.

3.1.1 Mesozyklus 1

Im ersten Mesozyklus wird nach der Trainingsmethode Kraftausdauer trainiert. Da der Proband davor noch kein Krafttraining ausgeübt hat, dienen die ersten 6 Wochen dazu, mit niedriger Intensität und hoher Wiederholungszahl ihn an das Krafttraining zu gewöhnen. Weitere Vorteile dieser Trainingsmethode sind die Anpassungen des Organismus. Es kommt vor allem zu einer Mitochondrienzunahme und zu einer Kapillarisierung, bei der die Blutumverteilung verbessert wird. Außerdem wird die intermuskuläre Koordination durch das Kraftausdauertraining deutlich verbessert (vgl. Vogt & Neumann (Hrsg.), 2007, S. 45).

Es wurden hierbei 6 Wochen gewählt, damit der Sportler genug Zeit hat sich an die neue Belastung einzugewöhnen.

3.1.2 Mesozyklus II

Im darauffolgenden Zyklus wird für 4 Wochen im extensiven Hypertrophiebereich trainiert. Hierbei kommt es zu einer Muskelumfangzunahme, die zur Folge hat, das der Sportler mit vermehrter Muskulatur einen höheren Grundumsatz besitzt. Somit eignet sich das Hypertrophietraining, das Ziel (Gewichtsreduktion) bei guter Ernährung schneller zu erreichen (vgl. Kierdorf, 2017, S. 28-31).

Durch diese Art des Trainings werden nicht nur die Gelenkumgebenen Muskeln stärker und können diese besser unterstützen. Auch Knochen, Sehnen und Bänder werden gefestigt. Diese beiden Faktoren können dem Sportler dabei helfen seine Schmerzen im Bereich der Lendenwirbelsäule deutlich zu verbessern und gegebenenfalls sogar komplett abzustellen (vgl. Vogt & Neumann (Hrsg.), 2007, S. 45).

Ebenso dienen die 6 Wochen dazu, sich durch die niedrigere Wiederholungszahl auf den nächsten kleineren Mesozyklus einzustellen, bei dem die Wiederholungszahl nochmal drastisch gesenkt wird.

3.1.3 Mesozyklus III

Im dritten Mesozyklus bestreitet der Proband ein Maximalkrafttraining für weitere 4 Wochen. Die sehr niedrige Wiederholungszahl erfordert ein hohes Maß an Konzentration und belastet vor allem das zentrale Nervensystem. Durch die vorangegangenen 10 Wochen wurde die Belastbarkeit der Muskeln gesteigert und können besser angesteuert werden, als noch zu Beginn des Makrozyklus (vgl. Kierdorf, 2017, S. 24).

Das Maximalkrafttraining optimiert hauptsächlich die intramuskuläre Koordination, um das Kraftpotenzial zu steigern (vgl. Schnabel, Harre & Krug (Hrsg.), 2008, S. 326).

3.1.4 Mesozyklus IV

Nach 14 Wochen wird erneut im Hypertrophiebereich trainiert. Dieses Mal an der unteren Grenze und somit im intensiven Bereich. Es wird darauf geachtet das Prinzip der Periodisierung und Zyklisierung nicht zu vernachlässigen, um die Ziele des Probanden schneller zu erreichen (vgl. Ülsmann, 2012, S.10).

3.1.5 Mesozyklus V

Im letzten Mesozyklus wird zum noch einmal die Kraftausdauer angesprochen. Damit soll den Muskeln nach der intensiven Trainingsphase Zeit gegeben werden sich zu erholen. Erneut wird die Kapillarisierung der gesamten Muskulatur verbessert (vgl. Schwichtenberg & Jordan, 2012, S. 31).

3.2 Begründung der Belastungsparameter

Da der Proband noch kein Krafttraining davor absolviert hat, werden alle fünf Mesozyklen zusammengefasst und die einzelnen Unterschiede herausgearbeitet.

In jedem Mesozyklus werden 2 Einheiten pro Woche mit jeweils ein bis zwei Übungen pro Muskelgruppe absolviert. Die Satzzahl befindet sich ebenfalls bei einem bis zwei

Sätzen pro Übung. Durch diese Vorgehensweise wird sichergestellt, dass der Proband genug Zeit hat sich von Trainingseinheit zu Trainingseinheit ausreichend zu regenerieren. In den ersten 2 Zyklen wird mit einer geringen Trainingsintensität trainiert, da noch keine Erfahrung im Krafttraining vorhanden ist und sein Trainingsalter dementsprechend bei 0 Monaten (Orientierungsstufe) ist (vgl. Simon, 2016, S.98).

Nach 1,5 Monaten ist man laut der ILB-Methode ein Beginner. Wie ab Mesozyklus 3 zu sehen ist, trainiert der Sportler nun mit einer Intensität zwischen 50%-70% seiner Maximalkraft, die mit Hilfe des Mehrwiederholungstestes ermittelt wurde.

In jedem Mesozyklus fängt man wieer bei 50% an und steigert bis zum Ende die Prozentzahl regelmäßig um 5%. Damit wird sichergestellt, dass ein optimaler Trainingsreiz vorliegt (vgl. Ülsmann, 2012, S. 10).

Die Wiederholungszahl wird je nach Trainingsmethode angepasst.

3.3 Begründung der Organisationsform

In allen Mesozyklen wird ein Ganzkörpertraining durchgeführt, da sich der Sportler in dem kompletten Makrozyklus in der Orientierungs- oder Beginnerphase befindet. Außerdem ist der zeitliche Rahmen pro Woche eingeschränkt, weil er nebenbei noch circa zwei Mal pro Woche Golf spielt.

3.3.1 Mesozyklus I

Als erstes trainiert der Proband in einem Zirkeltraining. Da beim Zirkeltraining die Satzpausen ausfallen, wird das Herz-Kreislauf-System besser trainiert als bei einer anderen Organisationsform und wird somit effizienter (Kersten & Siebecke, 2013, S. 46). Außerdem ist die Motivation durch die fehlende Pausenzeit und die schnelle Abwechslung deutlich höher (vgl. Doll, 2017, S. 1).

3.3.2 Mesozyklus II

Im zweiten Mesozyklus wird die Organisationsform auf ein Stationentraining gewechselt. Da hier im extensiven Hypertrophiebereich trainiert wird, hat der Proband eine Satzpause von 90 Sekunden. Der Zeitraum genügt, um eine ausreichende Regeneration der betroffenen Muskeln zu erlangen (vgl. Schnabel, Harre & Krug (Hrsg.), 2008, S. 324).

3.3.3 Mesozyklus III

Im Maximalkraftzyklus wird wieder nach dem Stationentraining trainiert. Da die Intensität durch die geringe Wiederholungszahl relativ hoch ist, braucht die Muskulatur und vor allem das zentrale Nervensystem eine längere Regenerationsphase. Hier wird die Satzpause auf 150 Sekunden angehoben (vgl. Ülsmann, 2012, S. 16).

In diesem Mesozyklus wird das erste und einzige Mal auch eine Anpassung im Bewegungstempo vorgenommen. Der Sportler soll das Gewicht schneller und explosiver bewegen als bei den anderen Mesozyklen.

3.3.4 Mesozyklus IV

Erneut bestreitet der Proband ein Zirkeltraining, bei dem komplett auf die Pausenzeiten verzichtet wird. Wie schon im ersten Mesozyklus wird auch hier das Herz-Kreislauf-System effizienter. Ebenso spielt die variierende Belastung eine Rolle, um dem Körper und der Muskulatur einen neuen Reiz zu geben (vgl. Kersten & Siebecke, 2013, S. 46f).

3.3.5 Mesozyklus V

Im letzten Mesozyklus wird ein Stationentraining bevorzugt. Da die Kraftausdauer beim ersten Mal im Zirkeltraining absolviert wurde, wird nun die Organisationsform verändert. Satzpausen von 45 Sekunden reichen aus, um bei der niedrigen Belastung ausreichend Erholt zu sein (vgl. Ülsmann, 2012, S. 15).

4 Trainingsplanung Mesozyklus

Ein Mesozyklus ist die Zusammensetzung aus mehreren Mikrozyklen (Trainingseinheiten) und dauert circa vier bis acht Wochen. Im Folgenden wird ein Mesozyklus herausgesucht und dafür eine Trainingseinheit erstellt.

Tab. 6: Mesozyklus III (Quelle: eigene)

	III
Dauer (in Wochen)	4
Trainingsmethode	MK
Organisationsform	GK/Station
Einheiten/Woche	2
Übungen/Muskel	1-2

Satz/Übung	1-2
Intensität in % (ILB-Methode)	50%-70%
Wiederholungen	5
Satzpausen	150 Sekunden
Bewegungstempo	1-0-1
Trainingsziel	Verbesserung der intramuskulären Koordination, Kraftsteigerung

Die Trainingseinheit wurde mit Hilfe des 5-RM Test aufgestellt, da im dritten Mesozklus mit einer Wiederholungszahl von 5 trainiert wird. Dieser Test wurde für die Erstellung des Mikrozyklus erneut ausgeführt.

Die Intensität wird von Woche zu Woche in dem Mesozyklus gesteigert.

Tab. 7: Übungsübersicht des Mesozyklus III (Quelle: eigene)

Übungen	Wdh.	5-RM	MIZ* I 50% ILB	MIZ* II 60% ILB	MIZ* III 65% ILB	MIZ* IV 70% ILB
Bein-presse	5	80 Kg	40 Kg	48 Kg	52 Kg	56 Kg
Rudern (Maschine)	5	65 Kg	32,5 Kg	39 kg	42,25 Kg	45,5 Kg
Brust-presse	5	75 Kg	37,5 Kg	45 Kg	48,75 Kg	52,5 Kg
Crunch	5	37,5 Kg	18,75 Kg	22,5 Kg	24,375 Kg	26,25 Kg
Rücken-strecker (Maschine	5	50 Kg	25 Kg	30 Kg	32,5 Kg	35 kg
Schulter-drücken (Maschine)	5	35 Kg	17,5 Kg	21 Kg	22,75 Kg	24,5 Kg

*MIZ = Mikrozyklus

4.1 Übergeordnetes Konzept der Übungsauswahl

Die Übungen werden alle an der Maschine ausgeführt, um die koordinative Belastung zu minimieren. Durch die Maschinen kann sich der Sportler besser auf die Muskeln konzentrieren, da er die Technik nicht erst perfektionieren muss. Außerdem wird das Verletzungsrisiko vermindert gegenüber freien Gewichten (vgl. Zatsiorsky & Kraemer, 2016, S. 177).

Es handelt sich hierbei um ein Ganzkörpertraining mit vor allem mehrgelenkigen Übungen, um viele Muskeln abzudecken. Die Reihenfolge der Übungen wurde so gewählt, dass zuerst die großen und am Ende die kleineren Muskelgruppen trainiert werden.

4.2 Übungsauswahl

Tab. 8: Begründung der Auswahl (Quelle: eigene/Ashwell, 2014)

Übung	Begründung	Beanspruchte Muskulatur
Beinpresse	- Kopf oberhalb des Herzens - Mehrgelenkige Übung - Stärkung der Ischiocruralmuskulatur	M. quadriceps femoris M. glutaeus maximus M. biceps femoris M. semimembranosus M. semitendinosus
Rudern	- Übung kann ohne Schwung ausgeführt werden (Polster) - Stärkung der Rückenmuskulatur	M. trapecius M. latissimus dorsi M. rhomboideus major M. rhomboideus minor M. biceps brachii
Brustpresse	- Stärkung der Brust-, Schulter- und Armmuskulatur - Ästhetik - Fixierung des Schultergürtels	M. pectoralis major M. deltoideus pars clavicularis M. triceps brachii
Crunch	- Stärkung der Bauchmuskulatur	M. rectus abdominis M. obliquus exter. abdominis M. obliquus inter. abdominis

	- Wichtige Muskulatur für den Alltag	M. transversus abdominis
Rückenstre-cker	- Stärkung der Rückenmuskulatur - Trainingsmotiv - Wichtige Muskulatur im Alltag	Mm. erector spinae
Schulterpresse	- Ästhetik - Probandenwunsch	M. deltoideus pars clavicularis pars acromialis pars spinalis M. triceps brachii

5 Literaturrecherche

Tab. 9: Literaturrecherche: Effekte des Krafttrainings bei Diabetes Mellitus Typ II

	1.	2.
Name der Studie	„Effektivität eines Ausdauer- und Krafttrainings bei älteren Menschen mit Diabetes Mellitus Typ II und im Rahmen von Disease Management Programmen optimal eingestellten HbA1c-Ausgangswerten."	„Vergleich der Effekte von zwei Krafttrainingsmethoden als spezifische Trainingsintervention bei Patienten mit Diabetes Mellitus Typ 2 – Hypertrophiekrafttraining versus Kraftausdauertraining"
Autor	Marco Weingarten	Hillebrecht A., Zeißler S., Frech T., Rechner M., Haas U., Mooren F.C., Hamer D.
Jahr	2013	2012

Versuchsperso-nen	60 Erkrankte an Diabetes Mellitus Typ II	90 Erkrankte an Diabetes Mellitus Typ II
Aufbau	Einteilung der Veruschsper-sonen in 3 Gruppen: 1. Gruppe: 17 TN, kraftbet-ontes Training. 2. Gruppe: 23 TN, ausdau-erbetontes Training. 3. Gruppe: 20 TN, Kontroll-gruppe. Trainingsumfang: 12 Wochen, 2 Einheiten/ Woche, 45-60 min. Gewicht, BMI, HbA1c-Wert, Blutdruck, Triglyceride, Cho- lesterin wurden vor und nach dem Testverfah-ren erhoben und verglichen	Einteilung der Veruschsper-sonen in 3 Gruppen: 1. Gruppe:Kontrollgruppe. 2. Gruppe:Hypertro-phietraining (10-12 Wdh., 2mal/ Woche). 3. Gruppe:Kraftausdauer-training (25-30 Wdh., 4-wöchige Eingewöhnungs- und 5-monatige Train-ingsphase. Medikamentanamnese wurde vor Beginn der Studie, direct nach Beendigung der Testphase und 6 Monate danach.
Ergebnis	Verbesserung bei allen di-abe- tesrelevanten Messwerten, im Vergleich zur Kontrollgruppe, bei Gewicht, Blutdruck und BMI jedoch kaum Unter-schie- de zwischen den In-terventi- onsgruppen, Gruppe 1 (Kraft- training) höhere Erfolge beim HbA1c-Wert und Triglycer-ide, Gruppe 2 (Ausdauer) höhere Erfolge beim Cho-lesterin-Wert	Beide Testgruppen haben eine Senkung des HbA1c-Wertes erreicht. Somit gel-ten beide Trainingsmetho-den als effektiv gegen Dia-betes Mellitus Typ II. Im Langzeitvergleich (6 Mo-nate) wird das Kraftausdau-ertraining bevorzugt, da hier eine höhere Reduktion des Wertes stattgefunden hat.

6   Literaturverzeichnis

Ashwell K. (2014). Das Anatomiebuch der Fitness: 50 der besten Übungen für den gesamten Körper. Librero Verlag.

Doll M. (2017). Zirkeltraining – indoor und outdoor: 20 Zirkel für mehr Kraft, Ausdauer und eine verbesserte Leistungsfähigkeit. Riva Verlag, S. 1.

Haupert M. (2017). Zur Belastungsbestimmung im fitnessorientierten Krafttraining. Eine explorative Studie zur Methodik. Dissertation zur Erlangung des akademischen Grades eines Doktors der Philosophie der Philosophischen Fakultäten der Universität des Saarlandes, S. 68.

Hillebrecht, A., Zeißler, S., Frech, T., Rechner, M., Haas U., Mooren F C. & Hamar, D. (2012). Vergleich der Effekte von zwei Krafttrainingsmethoden als spezifische Trainingsintervention bei Patieten mit Diabetes mellitus Typ 2- Hypertrophiekrafttraining versus Kraftausdauertraining [Diabetologie und Stoffwechsel].

Hollmann W. & Strüder H. (5. Auflage 2009). Sportmedizin: Grundlagen für körperliche Aktivität, Training und Präventivmedizin. Schattauer Verlag, S. 242.

Kersten R. & Siebecke R. (2. Auflage 2013). Gerätefitness: Das Lehrbuch zur Trainerausbildung. Meyer & Meyer Verlag Aachen, S. 46-47.

Kierdorf C. (2. Auflage 2017). Krafttraining – schneller Muskelaufbau. Meyer & Meyer Verlag Aachen, S. 24-31.

Mancia G. & Fagar R. (2013). Guidelines for the management of arterial hypertension. European Heart Journal 2013, S. 1286.

Schnabel G., Harre H. & Krug J. (2008). Trainingslehre – Trainingswissenschaft: Leistung, Training, Wettkampf. Meyer & Meyer Verlag Aachen.

Schwichtenberg M. & Jordan A. (3. Auflage 2012). Kräftigen und Dehnen. Meyer & Meyer Verlag Aachen, S. 31.

Simon A. (2016). Maximaler Muskelaufbau & Maximale Kraftsteigeruung ohne Anabolika. Books on Demand Verlag, S. 98.

Ülsmann T. (2012). Kraft- und Koordinationstraining für Fußballer. Meyer & Meyer Verlag Aachen, S. 10-16.

Vogt L. & Neumann A. (2. Auflage 2007). Sport in der Prävention: Handbuch für Übungsleiter, Sportlehrer, Physiotherapeuten und Trainer. Deutscher Ärzte Verlag Köln, S. 45.

Wahle S. (2014). "Oprimal statt maximal trainineren!": Krafttraining mit der ILB-Methode. Books on Demand, S. 18f.

Weingarten M. (2013). Effektivität eines Ausdauer- und Krafttrainings bei älteren Menschen mit Diabetes Mellitus Typ II und im Rahmen von Disease Management Programmen optimal eingestellten HbA1c-Ausgangswerten. Dissertation zur Erlangung des Doktorgrades der Philosophischen Fakultät der Christian-Albrechts-Universität zu Kiel.

Zatsiorsky V. & Kraemer W. (4. Auflage 2016). Krafttraining: Praxis und Wissenschaft. Meyer & Meyer Verlag Aachen, S. 177.

7 Tabellenverzeichnis